Stefanie Hackländer

Herzblutreime

Stefanie Hackländer

Herzblutreime

Rediroma-Verlag

Bibliografische Information der Deutschen Nationalbibliothek:
Die Deutsche Nationalbibliothek verzeichnet diese Publikation in der Deutschen Nationalbibliografie; detaillierte bibliografische Daten sind im Internet über http://portal.dnb.de abrufbar.

ISBN 978-3-98885-384-4

www.rediroma-verlag.de
7,95 Euro (D)

Inhalt

Einleitung

Ich leg jetzt einfach mal los …
Vielleicht findet ihr meine Idee ja auch ganz famos?!
Mir brennen da ein paar Themen auf der Seele …
Da dachte ich mir, bevor ich mich da alleine durch quäle,
tue ich diese Angelegenheiten kund!
Dabei wird man merken,
dass ich nicht gefallen bin auf den Mund!
Ich weiß genau, mit dem was ich hier raushau,
steh' ich bei den Männern auf der Abschussliste,
mach mich zur meist gehassten Frau!
Aber das spielt jetzt keine große Rolle …
Ist mir mal egal!
Ich hab jetzt den Mut,
denke da eher pragmatisch und recht banal,
denn es tut einfach gut!
All das passierte nur,
als ich die Geduld und den Glauben an die Männer verlor ...
Es knallte bei mir durch,
bei einem fiesen Streit …
Ich dachte, jetzt ist es so weit!
Die Herrenwelt wird jetzt von mir zerfleischt!
Ich hörte gerade Musik,

ein Lied namens Deathrone,

der Sänger schrie in mein Ohr: „Fuck you!“,

ja, dachte ich mir, entthronen ist gut …

jetzt bin ich am Zug!

Mein Name ist Steffi und ich bin fast vierzig,

wohne in einer kleinen Stadt,

nein, nicht öde, eher würzig!

Es ist schön im Bergischen!

Viel Natur, ein wenig Berg und Tal …

Ich würde sagen, hier wohnen die Direkten, die Energischen!

Ja, ich habe sogar Kinder und einen Mann,

manchmal etwas anstrengend, der Gemahl…

Passt auf, Mädels!

Augen auf bei der Männerwahl!

Eigentlich bin ich eine ganz Entspannte …

Aber ab und zu gebe ich mir auch mal gern die Kante!

Nein, Spaß, vielleicht samstags mal ein Gläschen oder zwei …

Ein bisschen runterkommen von der Woche dabei!

Ich sags euch ganz salopp …

In unserem kleinen Dorf

hab‘ ich den geilsten Job!

Die Arbeit tut mir gut!

Da schöpfe ich Kraft und neuen Mut!

Der Einzelhandel ist zwar ein hartes Pflaster …

Aber ist schon okay …

ich pass‘ da voll ins Raster!

Ich liebe meine Mädels dort …

Wir haben mega Spaß!

Nur die lieben Kunden …

Die wünscht man sich in einigen Fällen lieber fort!

Nicht die Jungen sind die Schlimmen …

Es sind eher die Alten!

Vergessen gerne ihre Manieren …

Lassen Dreistigkeit und Unhöflichkeit walten …

Viele Leute kennen mich …

Sind freundlich, unterhalten sich …

Denken aber sehr wahrscheinlich …

„Die Arme, da wird sie niemals rich!“

Dann hat die Gute auch noch fünf Blagen …

Ach, du liebe Zeit, warum nur so übertreiben?

Trauen sich aber nicht zu fragen …

Hatten die denn keine Kohle für Verhütungsmittel?

Jetzt ist es eh zu spät,

da kommen demnächst die Männer im weißen Kittel!

Dann guckt euch die mal genauer an …

Wie sieht die denn bloß aus?

So viele Tattoos …

Warum nur so asozial, wer lässt die denn so raus?

Ob diese Kinder wohl alle von einem Vater sind …
Wer weiß, wer weiß, so bleibt es spannend …
Der Klatsch im Dorf verbreitet sich geschwind!
Da steh ich drüber …
Denn jeder, der mich kennt,
weiß, ich bin eine ganz Nette …
Vielleicht manchmal etwas zu wenig Etikette!
Manchmal schwappt mein Temperament etwas über …
Die einen mögen es!
Anderen ist das was viel …
Finden mich bestimmt etwas drüber!
So lass ich jetzt einfach mal was von mir hören …
Lass mich von meinen Gedanken betören …
Um die Männerwelt zu stören!
Alles ist dabei …
Amüsant, nachdenklich,
vielleicht ein bisschen frech!
Ist mir aber einerlei!
Ich mach mich frei!
Mein Leben ist ganz okay …
Da kann ich eigentlich nicht meckern!
Aber auch das „Frausein“ ist manchmal hart …
Geht einem auf den Wecker!
Der Alltag ist ein Beziehungskiller …

Glaubt mir, hier kracht es auch mal richtig,
da bringt es kein Piepton oder ein Filler!
Ich hab zwar keinen schlechten Mann,
der sogar handwerklich so einiges kann …
Für die Kids ist er sowieso der Supermann!
Aber wollen wir ihn mal nicht zu viel loben!
Sonst fängt sein Testosteron noch an zu toben …
Nein, danke, das kann ich nicht gebrauchen!
Genug Mutti-Stress mit Haushalt und Co ….
Sonst fange ich wieder an zu rauchen!
Das lassen wir mal lieber sein!
Wollen wir nix beschreien …
Fünf Kinder sollen reichen …will ich meinen!
Der Große in der Pubertät …
Im Kopf herrscht Verzögerung!
Der checkt es im Moment immer etwas spät …
Der darunter ist noch neun …
Ich wünschte,
er würde sich ab und zu mal auf die Schule freuen!
Immer was zu bocken …
Am liebsten würden die zwei den ganzen Tag zocken!
Dann die drei Kleinen …
Bald alle in der Kita …
Manchmal wünschte ich,

Baldrian gäbe es in Liter!
Aber alles gut, ich bin glücklich!
Diese Fünf sind mein Leben …
Für sie will ich immer Vollgas geben!
Mein ganzes Glück, mein Ein und Alles …
Für sie würde ich töten!
Im Ernst eines Falles …
Ich liebe Rockmusik und Heavy Metal!
Die holt mich runter
oder pusht mich, je nach Stimmung …
Macht sie mich wieder munter!
E-Gitarre und Männergeschrei,
finde ich einfach geil!
Da lass ich Dampf ab …lass es raus!
Sorry, ich bin halt keine ruhige Maus!
Das würde sich mein Mann wohl manchmal wünschen …
Etwas ruhiger und devoter …
Dafür werde ich ihn irgendwann mal lynchen!
Also lautet meine Botschaft:
Ich hab sie gut durchdacht …
Dass man in einer Beziehung Kompromisse eingehen muss …
Sich aber nicht alles gefallen lassen soll an Stuss!
Ruhig den Mund aufmachen …
Raus mit den störenden Sachen!

Wunschkonzert

Im Grunde bin ich positiv!
Aber es existieren auch Tage, keine Frage …
Da sitzt die Unzufriedenheit tief!
Es gibt so viele Weiber,
die haben noch mehr als ich,
voll kacke, bin ich etwa ein Neider?
Oder sind es einfach nur Ängste oder Träume?
Dass ich vielleicht etwas verpasse …
Etwas versäume?
Dann wäre ich ein Rockstar …
Das wäre mega!
Vielleicht bei Rock am Ring,
wie geil, das wäre voll mein Ding!
Alles nur ne krasse Fantasie …
Ich bin ja nicht geisteskrank,
das passiert mir nie!
Vielleicht treffe ich vorher noch eher einen Scheich …
Oh mein Gott, dann wäre ich voll reich!
Aber vergiss es!
Das wäre gegen meine Überzeugung!
Geht gar nicht!
Dann begehe ich Selbstverleugnung!

Einfach mal träumen …
Dann hätte ich eine Riesenvilla,
mit unendlich vielen Zimmern!
Und natürlich einen XXL-Pool!
Nicht nur für mich …
Nein, auch für die Kinder!
Das wäre so cool!
Dann bitte noch einen Luxuswagen zum Cruisen …
Einen richtig krassen!
Dazu vielleicht noch einen größeren Busen …
Dann können mich alle hassen!
Im Moment fahre ich einen Kia …
Mein Mann liebt ihn!
Meint er tatsächlich noch,
der passt so gut zu dir!
Danke, das will ich hören!
Wäre schöner …
Du würdest mich mit einem Ferrari betören!
Mache ich es wie Julia Roberts in Pretty Woman …
Hätte ich dem Richard die Kreditkarte abgenommen!
Ach nein, machen wir mal lau …
Ich will gar nicht wissen,
was manche Frau,
alles für Kohle tun muss …

Da reicht nicht nur ein Kuss!

Oder einfach Lotto spielen …

Da kann ich lange warten!

Als ob die meine getippten Zahlen jemals ziehen …

Ganz vergessen, was ist mit Urlaub?

Am besten plane ich schon mal den Bankraub!

Dann klappt es auch mit den Malediven …

Geht sogar ein Flug mit unseren Sieben!

Ich weiß, blöde Gedanken von mir, etwas getrieben,

immer unzufrieden …

Ausgeträumt …ich gehe jetzt mal putzen …

Mein Gatte kann so stolz sein,

mich als seine Putzfrau auszunutzen!

Da kommt er wieder um die Ecke …

Ich könnte ihn mal wieder machen zur Schnecke!

Eigentlich weiß ich,

ich darf nicht oberflächlich sein!

Der ganze Mist ist bei vielen nur Schein!

Man denkt immer,

dieser ganze materielle Kram wäre fein!

Fazit ist dann wohl:

Sei happy mit dem, was du hast!

Schulden bringen es auch nicht,

die fallen dir hinterher nur zur Last wie Ballast!

Es gibt immer Menschen,

die haben weniger …

Die sind deshalb nicht minderwertig oder unfähiger!

Traummann

Tja, wie soll er nur sein?
Dass ich sagen kann, wow, der ist mein!
Gar keine leichte Frage …
Er soll ja länger bleiben als nur ein paar Tage!
Der perfekte Mann,
der alles kann …
Der tut, was du willst,
damit du ihn nicht irgendwann killst!
Der dich auf Händen trägt,
sich zum Kuscheln mit dir ins Bett legt …
Der vor dir weiß,
was du magst,
bevor du es sagst!
Er, der dir schaut tief in deine Seele …
Der, dem du kaum erteilen musst Befehle!
Ach, was wäre das Leben schön leicht!
Aber er darf bloß nicht sein zu weich
und auch nicht allzu seicht!
Bitte nicht zu anhänglich!
Das kann furchtbar nerven ...
Macht mich quengelig!
Freiraum ist wichtig in einer Beziehung …

Sonst ist es schnell vorbei mit der Anziehung!
Unsicherheit bei einem Mann
ist etwas, womit ich nicht arbeiten kann!
Es läuft bei mir mit Humor,
da schießt er bei mir ein Tor!
Bitte auch kein Macho-Macker,
da kriege ich die Krise,
mach ich mich ganz schnell vom Acker!
Irgendwo eine gesunde Mitte,
so einen wird es doch irgendwo geben, bitte!
Doch auch keinen, der sich gerne reden hört …
Das ist jawohl voll anstrengend,
da fühlt man sich auch schnell gestört!
Einen, mit dem man sich gut unterhalten,
über alles Mögliche reden kann …
Ach, wo ist denn nur so ein Mann?
Arm soll er aber auch nicht sein!
Das bringt einen auch nicht weiter …
Rechnungen bezahlen sich nicht von allein!
Dann noch das Aussehen …
Ist auch nicht ganz unwichtig!
Vielleicht nicht alles …
Aber es muss ja auch catchen und zwar richtig!
Auch nicht zu dünn oder zu dick,

wieder die goldene Mitte wäre schick!
Von mir aus ganz viele Tattoos,
das mag ich!
Ohne finde ich langweilig,
da hat er bei mir abgelost!
Ja sicher, auch der Charakter
und die inneren Werte müssen stimmen!
Sonst hat man verloren,
da kann man nämlich nix mehr trimmen!
Am besten backen wir uns einen …
Der ist immer brav, gibt keine Widerworte,
der bringt uns nicht zum Weinen!
Einer, der einen wie eine Lady behandelt …
Der gut zu einem ist!
Nicht einer, der dich verarschen will,
weil du vielleicht blind vor Liebe bist!
Zuverlässig und loyal,
ich sags euch,
das ist die beste Wahl!
Guckt bitte nicht so viele Romantik-Streifen!
Das geht voll in die Hose,
lasst euch davon nicht einseifen!
Die versprechen selten die Wahrheit!
Glaubt mir …

Nach fast 25 Jahren Beziehung hab ich Klarheit!
Aber immerhin …
Auch wenn ich manchmal das Gefühl habe,
dass ich gefangen bin an manchem Tage …
Wie man es gerade hat, ist selten richtig …
Bleibt euch treu, lasst euch nicht bequatschen,
denn das ist wichtig!

Alltagsk(r)ampf

Ich weiß, ich bin eine Frau,
die sich nicht beschweren kann …
Da gibt es leider immer welche,
die sind viel schlimmer dran!
Auch wenn diese Luxusproblemchen einigen lächerlich
erscheinen …
Möchte ich darauf aufmerksam machen!
Auch diese können belasten
und bringen manche Frau zum Weinen!
Jeden Tag liefern wir uns Gefechte,
kämpfen unerschrocken für unsere Rechte!
Deswegen gibt es erst mal einen schönen Männerdiss,
denn meiner geht mir mal wieder so richtig auf den Piss!
„Die Ehe ist ein Traum,
diesen Weg musst du gehen …!“
Ich glaub es mittlerweile kaum …
Wer hat denn da falsch hellgesehen?
Hört bitte auf, diesen Mist zu erzählen!
Denn nehmen wir es mal genau …
Es gibt Dinge in einer Ehe,
die gehen dir auf den Sack wie Sau!
Bis dass der Tod uns scheidet …

Das kann ja haarig werden …

Warum konnte dies denn keiner vermeiden?

Bloß nichts schönreden lassen!

Vertrau nur dir selbst!

Sonst bist du verlassen!

Es ist überall der gleiche Scheiß …

Glaubt mir, ich weiß,

was im Alltag so los ist …

Respekt, Wertschätzung, Unterstützung,

Verständnis wäre manchmal nice!

Aber falsch gedacht …

Ihr reißt euch den Arsch auf,

denn Frauen haben es einfach drauf!

Mit Arbeit, Kinder erziehen, putzen …

Da sehen die Männer meistens nur ihren Nutzen …

Niemals hast du so viel geleistet wie ein Mann!

Dass du so etwas überhaupt denken kannst?!

Nach der Arbeit geht er erst mal eine Runde schlafen …

Kein Problem, hat er sich verdient?!

Mach ich in der Zeit den Garten …

Putzen …?

Selbst schuld, tust du dir doch selber an …

Mach doch mal halblang!

Die Kinder …?

Stell dich nicht so an …
Mach einfach mal die Glotze an!
Und dein Teilzeitjob?
Kein Problem, den machst du nebenbei!
Danach hast du sogar noch Bock,
schwingst du mal eben den Mopp!
Dann kommst du abends mit der Bitte …
Möchtest gerne zum Sport, in Ruhe duschen,
irgendetwas, was dich ablenkt …
Er guckt dich an und denkt:
Boah, nicht ihr Ernst?
Was für eine egoistische Fritte!
Mal wieder Stress …
Jetzt fühlt er sich bedroht!
Machst du etwa den Mund auf, übst Kritik?
Da sieht der Meister aber ganz schnell rot!
Gleichberechtigung, Respekt, Wertschätzung?
Vergiss es …
Sonst heult er noch rum wegen Männerrechtsverletzung!
Im Haushalt helfen,
den Müll raus raustragen?
Das wird eh nix …
Da reicht nicht einmal fragen!
Am besten schon mal selbst rausstellen …

Eine bodenlose Frechheit!
Sonst wird er eh nur wieder rumkamellen …
Für die Männer ist es leicht …
Denken sich,
hat die Alte wieder ihre Tage?!
Zickt nur rum,
Aber keine Frage …
Verzieht er sich halt,
dann muss er das Theater nicht ertragen!
Fährt er ins Büro …
ein gutes Alibi!
Tut er sich dadurch …
Dann gibt es keinen Krieg!
Aber falsch gedacht, meine Süßen!
Wir vergessen nicht!
Streit verschwindet nicht über Nacht …
Dafür werdet ihr noch büßen!
Denkt bloß nicht,
ihr kommt uns davon
oder hättet gar gewonnen!
Ich weiß,
euch Männern gefällt nicht diese moderne Welt!
Frauen an die Macht, gleiches Einkommen …
Nicht gut durchdacht, dann seid ihr nicht mehr der Held!

Das wäre ja kacke …
Ihr wärt entbehrlich,
klebt euch keine Frau mehr an der Backe!
Nicht wie 1950 …
Das hat euch gefallen …
Da lief es noch vernünftig!
Ja, früher war alles besser …
Aber diese Zeiten sind vorbei,
Frauen sind immer mehr gleichberechtigt …
wir liefern euch ans Messer!
Uns reicht es!
Nehmt euch zusammen …
schätzt eure Frauen!
Sonst glaubt mir,
werden euch unsere Scheidungsanwälte verhauen!
Behandelt uns wie eure Queens,
gebt euer Bestes!
I hope you know what I mean!
Mann oh Mann,
ich weiß doch,
dass du es besser kannst!
Warum ist das denn so schwer?
Ich kann bald nicht mehr …
So kann es doch nicht weitergehen,

du wirst demnächst im Regen stehen!

Mach so weiter …

Dann bist du demnächst der einsame Reiter!

Du tust dir keinen Gefallen,

ich hoffe, du wirst es bald rallen!

Kind auf Zeit

Da war diese Idee von einem weiteren Kind …
Ging mir durch den Kopf,
hab ich mir schon lange gewünscht …
Am liebsten, ganz geschwind!
Wie wäre es,
wenn wir einem heimatlosen Lebewesen ein schönes zu Hause geben?
Ernsthaft darüber nachgedacht …
Und zack …
Auf den Weg zum Jugendamt gemacht!
Ich bin gespannt,
wie lange es dauert, und hoffe,
dass in dieser Zeit kein wartendes Geschöpf versauert!
Ein paar Monate zogen ins Land,
ich bin zum Telefon gerannt …
Bekommen wir mitgeteilt,
dass ein kleines Mädchen ein Zuhause braucht,
und das zwar ziemlich eilig!
Es kommen gemischte Gefühle in einem hoch,
zwischen Angst und Freude …
Was sind wohl die leiblichen Eltern für Leute?
In drei Tagen kommt die Maus,

juhu, wieder ein kleines Baby im Haus!
Kein Spielzeug, kein Babybett oder Klamotten,
ach du meine Güte,
wie soll ich in so kurzer Zeit alles zusammenrotten?
Alles gut, ich bleib mal geschmeidig!
Das wird schon, ich krieg das hin,
ich will das so gern!
Weil ich Mutti aus Leidenschaft bin!
Es ist so weit, es ist ein Freitag …
Ich krieg ein wenig Schiss!
Ob sie mich auch so mag?
Wir betreten den Übergaberaum,
gleich wird er wahr, mein Traum!
Da ist sie, vier Wochen alt,
so warm, so zart und klein!
Die vorherige Pflegemutter gibt sie mir in den Arm,
da weiß ich,
dass dieses kleine Wunder ist mein!
Ich schenk dir meine ganze Liebe,
hoffe, du bleibst für immer,
keiner nimmt mir dich wieder weg, nimmer!
Es war so wunderschön,
mit meine schönste Zeit!
Hätte ich da nur schon gewusst,

dass darauf folgt noch so viel Leid …
Sie war so süß und so klug!
Unsere gemeinsame Zeit verging wie im Flug …
Ein kleiner Sonnenschein,
kann so viel Glück wahr sein?
Sechs Monate hatten wir dich,
dann kam die schlimmste Nachricht …
Ich wurde darauf vorbereitet zu lassen dich im Stich …
Ich hab um dich gekämpft,
wollte dich behalten, unbedingt,
doch auch deine leibliche Mutter um dich ringt …
Bis zur letzten Minute hoffte ich,
dass du bleibst!
Nicht von meiner Seite weichst!
Aber auch deine Mutter kämpfte um dich …
Ich hatte leider keine Wahl,
musste dich hergeben,
das war eine unmenschliche Qual …
Die letzte Fahrt mit dir war ein Albtraum!
Ich wusste,
ich muss dich gleich loslassen,
diesen Schmerz kann man nicht Worte fassen …
Ein Stück von meiner Seele haben sie mir rausgerissen,
ich wusste, ich würde dich so schrecklich vermissen!

Die ersten Momente waren furchtbar leer ohne dich,
ich hoffte jeden Tag, dass du wiederkommst …
Aber du wirst mich vergessen,
erinnerst dich nicht an mich …
Du hast immer einen Platz in meinem Herzen,
mit der Zeit verblassen vielleicht die Schmerzen …
Ich hoffe, es geht dir gut,
du hast ein schönes Leben!
Ich hätte dir so gern alles gegeben!

Endgegner

Oh Mann, ich komm schon wieder mit der gleichen Leier …
Ich hoffe doch sehr,
ich geh euch damit nicht so doll auf die Eier!
Es ist doch mal wieder das Gleiche …
Er stresst mich, ich sehe rot,
stell‘ mir vor seine Leiche!
Dann hätte ich endlich meine Ruhe …
Kein Theater, kein Getue!
Mach so weiter …
Dann landest du bald in der Truhe!
Ich hab die Nase voll!
Wahrscheinlich denkst du,
weil du meine Muse bist,
findest das auch noch toll!
Bild dir bloß nix ein …
Ich fühl mich stark und bin voller Power!
Du machst mich unsagbar sauer!
Aber nein, ich muss runterkommen …
Gewalt ist auch keine Lösung!
Du lachst dir einen Ast …
Wegen dir gehe ich bestimmt nicht in den Knast!
Hab ich dich verärgert?

Machst du gern den Lauten?!
Sagst, ich bin zu fordernd und undankbar …
Alles klar, pass auf, mach dich lieber rar …
Meine Wut und mein Zorn sind unfassbar nah!
Ich soll kleine Brötchen backen …?
Oh nein, mein Freund …
Dich werde ich auch noch knacken!
Du bist selber schuld!
Sei doch mal nachgiebig, tu, was ich sage!
Gib mir, was ich will!
Dann hörst du keine Klage …
Oder schlimmer, provozierst einen Kill!
Doch nein, ich bin ja nie zufrieden …
Will immer mehr von dir,
das wird dir was stressig …
Entschuldigung von mir …
Leider bin ich nicht so mäßig!
Wenn ich dir zu viel bin,
dann bist du vielleicht zu schwach?!
Macht der Scheiß hier keinen Sinn …
Nennst mich zickig und schnippisch,
na klar, ich reiß‘ mir den Arsch auf,
für dich und die Familie,
das ist der Dank, wer ist denn hier egoistisch?

Ich lass mich in Zukunft gern überraschen …
Vielleicht hast du noch was in petto für mich …?
Sonst gibt's für dich gar nichts mehr zu naschen!
Ich bin die eine, deine Nummer eins!
Also behandle mich auch so!
Denn ohne mich, glaub mir …
Wird dein Leben nicht mehr allzu viel froh!
Ich garantiere dir …
Ohne mein Licht und mein Funkeln,
jetzt und hier,
wirst du tappen im Dunkeln!
Ich bin keine Zicke, keine Emanze!
Manchmal steh ich vielleicht auf ein bisschen Stress anstatt Romanze …
Ich würde kämpfen bis zum Tod!
Von mir aus auch mit Lanze …
Das würde dir gefallen!
Wieder zurück ins Mittelalter,
da kannst du lange warten …
Zum Glück gibt es dafür keinen Schalter!
Es ist also deine Entscheidung,
ob du Streit willst!
Möglicherweise stehst du sogar auf Action,
ein wenig Reibung …?

Du hast keine Chance!
Ich stelle dir auch gerne mal eine Falle...
Es ist fast zu leicht,
denn dann mache ich dich alle!
Sei einfach nett zu mir,
sei brav!
Dann hast du ein unbeschwertes Leben ohne schlimme
Erdbeben!
Wenn mir da danach ist,
bei Bedarf …
Schauen wir mal,
ob wir da noch ein bisschen weiterkommen …
Denn sei gewarnt,
es gibt Männer,
denen wurden die Eier von ihren Frauen weggenommen!
Diese spuren, geben keine Widerworte,
ach, was wär das Leben einfach …
Mit so Lappen von dieser Sorte!
Kein Theater, keine Diskussion,
alles ganz seicht!
Ich hab schon Kopfkino,
es wäre ja fast zu leicht …
Also reiß dich zusammen!
Sonst komme ich noch auf Ideen

und werde dich ganz easy entmannen!
Lehne mich zurück,
um zu entspannen!
Ich will dir raten,
du solltest deine Chancen nutzen!
Sonst wird es böse für dich
und ich muss dir etwas stutzen …
Mach nicht immer so ein Drama,
sonst pack deinen Kram
und geh zurück zu deiner Mama!
Spielst du weiter den Boss,
wirst du sehen …
Hole ich dich gern runter von deinem hohen Ross!
Irgendwann ist es bestimmt soweit
und der Herr hat es kapiert …
Denn mit mir will man lieber keinen Streit!
Also sei klug!
Mach‘ nicht dein eigenes Game Over …
Sei einfach mal nett,
dann darfst du sein mein Lover!

Wurzeln

Du warst mein Fels in der Brandung …
Meine Schulter, mein Anker,
auch bei jeder Bruchlandung!
Du warst immer da …
Für mich, für alle,
dafür war ich dir immer dankbar!
Wie kann man jemanden nur so doll vermissen?
Jeden Tag denke ich an dich!
Schau mir dein Bild an,
bin innerlich zerrissen …
Zu wissen, dass du für immer fort bist,
tut so weh …
Macht mich krank
warum kommt denn keine gute Fee?
Ich hätte nur eine Bitte …
Dich noch einmal gesund zu sehen,
nah bei mir, in meiner Mitte.
Mir fehlt deine Wärme, deine Liebe …
Wie soll ich das nur ohne dich schaffen?
Es sind Wunden, die immer auseinanderklaffen …
Gerade in schwierigen Zeiten
versetzt die Sehnsucht meinem Herzen Hiebe …

Ich hasse diesen verdammten Spruch:
„Das Leben muss weitergehen …“,
denn meistens fühlt es sich so an,
als bringt mich meine Trauer zum Stehen!
Manchmal lenkt mich die blanke Wut …
Ich weiß, ich darf nicht aufgeben,
nicht verzweifeln, nicht verlieren den Mut!
Alle sagen, du schaffst das, du bist stark …
Und trotzdem verfluche ich diesen einen Tag …
Als der Arzt mir sagte,
es sieht nicht gut aus …
Für diese Diagnose gibt es selten eine gute Prognose …
Leider war es wahr,
sechs Monate später warst du nicht mehr da …
Zum Ende hin war ich jeden Tag bei dir,
wir wussten, es dauert nicht mehr lange …
Bei jedem Telefonklingeln wurde mir bange!
Es kam der schlimmste Moment,
da fand dein Leid ein End …
Dieser Schmerz geht dir durchs Mark, durchs Bein!
Am liebsten wollte ich schreien!
Aber es kam kein Ton …
Ich glaube, mein Herz war wie erfroren.

Ich trage die Erinnerungen an dich tief in meinem Herzen und
zum Glück weiß ich,
dass du befreit bist von deinen Schmerzen …
Ach, Mama, ich hab dich immer bei mir …
Trage mit Stolz deinen Ehering,
er ist von unschätzbarem Wert für mich, dieses Ding!
Leider muss ich auch an diese schlimmen Bilder denken …
Dich leblos zu sehen,
dein Körper nur noch eine leere Hülle …
Ich kann diese Gedanken manchmal nur schwer ablenken!
Das hast du nicht verdient!
Warum ist Krebs so grausam?
Nimmt dir Menschen,
die du so sehr liebst!
Ich gab dir einen letzten Kuss und musste mir eingestehen,
dass ich ohne dich weiterleben muss …
Das stärkste Gefühl überhaupt ist die Sehnsucht …
Sie kommt ohne Anmeldung,
trifft dich mit voller Wucht!
Sie ist nur schwer zu ertragen …
Stellt deine Willenskraft jeden Tag infrage!
Die Gefühle fahren Achterbahn …
Trauer, Wut und Angst legen dich lahm!
Die Familie versuchte, ohne dich klarzukommen,

ein neuer Lebensabschnitt, ohne dich, hatte begonnen …
Andere probierten, sich abzulenken,
in der Hoffnung, dass sich Normalität wieder wird einrenken
…
Eine Zeit lang hat er es auch geschafft …
Doch über 40 Jahre Ehe holen dich ein,
das hat er am Ende auch gerafft …
Dass er nicht ohne dich kann sein!
20 Monate später …
Nicht schon wieder!
Kam der nachste Schock, ein Albtraum …
Ich kniete nieder,
warst auch du fort …
Unser einstiges Zuhause glich einem furchtbaren Tatort.
Ich weiß, du fühltest dich allein,
warst einsam …
Aber lass uns nicht auch noch im Stich!
Wir wollen nicht ohne Eltern sein!
Wir wollten dir beistehen, unterstützten, wo wir konnten ...
Brachten dir Essen, wollten dir helfen …
Aber die Einsamkeit hat dich aufgefressen!
Ach, Papa, wäre ich an deinem letzten Abend noch mal zu dir
gekommen…
Ich war doch ganz in deiner Nähe …

Hätte ich dich nochmal gesehen,
vielleicht hätte ich dir die bösen Gedanken genommen …
Ich weiß, ich darf mir nicht die Schuld geben!
Aber hätte ich noch mehr getan,
wärst du vielleicht noch am leben!
Leider hattest du einen anderen Plan...
Auch bei diesem üblen Suizid
bin ich dir nicht böse …
Ich hab dich so lieb!
Ich weiß, dein Hauptanliegen bei dieser Tat war, uns nicht zur Last fallen zu wollen …
Du wusstest dir keinen anderen Rat!
Leider hast du aufgegeben,
wolltest so nicht weiterleben …
Diese Worte standen so in deinem Brief …
Lässt uns vermuten, dass deine Verzweiflung saß tief!
Auch hier rettet mich nicht der Spruch:
„Das Leben geht weiter!“
Ich hoffe, dieses Dasein wird irgendwann wieder heiter …
Ich hätte mir so sehr gewünscht,
mich von dir verabschieden zu können …
Dich noch einmal zu drücken und mir meinen Seelenfrieden zu gönnen!

Ich bin mir sicher, ihr habt euch im Himmel gefunden und eure
Liebe heilt alle Wunden!
Mein Herz tut immer noch so weh,
wenn ich die Erinnerungen an euch in meinem Kopf seh.
Dieser Schmerz jedoch verbindet!
Jeder, der ihn kennt,
weiß, dass man es kaum schafft …
Ihn manchmal nur schwer überwindet!
Wie weh es tut,
Kraft zu finden und zu fassen neuen Mut …
Deswegen rat ich euch,
sprecht über euren Verlust,
befasst euch mit eurer Trauer, um zu verarbeiten …
Macht dies stets ohne Ängste, für euch allein, ganz bewusst!
Verdrängen wird euch einholen
und ihr euch nie richtig erholen!

Besties

Was würde ich nur ohne diese Mädels machen?
Egal, ob auf der Arbeit oder privat,
es gibt so viele Sachen …
Wir haben immer was zu lachen!
Es tut so gut, mit diesen Schwestern
über alles Mögliche zu lästern!
Egal, aus welcher Ecke,
überall der gleiche Mist!
Wir gehen schon mal gerne an die Decke!
Selber schuld, die Herren,
vorbei mit eurer List!
Thema „Männer“,
das ist einfach der Dauerbrenner!
Dass die Typen alle ziemlich gleich ticken,
das können meine Mädels,
ohne zu zögern,
abnicken!
Aber jetzt genug von den Kerlen …
In dieser Hinsicht,
hört es wohl nie auf …
Gibt es immer was zu lernen!
Ich hab da eine exquisite Auswahl an Mädels auserkoren …

Ohne diese Weiber
wäre ich verloren!
Man muss keine Freunde haben in Massen …
Nur ein paar richtige,
auf die du dich immer kannst verlassen!
Ohne die mentale Unterstützung und die wichtigen Dinge,
würde mir wahrscheinlich selten was gelingen!
Es tut so gut
wenn man merkt,
da spricht dir jemand aus der Seele,
noch eine arme Socke …
Die hat genau die gleichen Probleme!
Auf der Arbeit haben wir richtig Spaß …
Früh beim Verräumen im Laden,
da geben wir richtig Gas!
Manche Kunden mögen meinen,
wir hätten einen Schaden!
Auch wenn wir manchmal albern sind und kichern …
freue ich mich,
der Arbeitstag ist so gesichert!
Stutenbissigkeit und Zickerei sind dämlich und unfair!
Das lassen wir mal sein …
Damit machen wir uns das Leben nur unnötig schwer!
Ich bin so stolz auf meine Schwestern im Geiste!
Ihr seid einfach die Geilsten,

mit dem, was ihr so leistet …
Euch halte ich mir warm!
Gar nicht mehr dran zu denken,
ohne euch wäre es voll lahm!
In meinem Herzen habt ihr immer einen Platz,
ihr seid für mich ein großer Schatz!
„Geteiltes Leid ist halbes Leid“,
das wussten schon die Schlausten …
das muss man anerkennen ohne Neid!
Zu Hause geht es dann weiter mit dem Austausch …
Bin gespannt, was bei meinen Besten so los ist...
Wir halten einen Voicemail-Plausch!
Auch hier alltägliches Theater mit Mann und Kindern …
Nicht immer leicht,
auch da einen Nenner zu finden!
Sie stehen mir mit Rat und Tat zur Seite …
Manchmal wäre ich ohne sie an Ideen pleite!
Sich gegenseitig unterstützen,
gibt Kraft und man ist sich gegenseitig Nütze!
Immer ein Gedankengang vorausschalten …
Meine Lieben, wir müssen zusammenhalten!
Ich liebe euch, gebe euch alle nicht mehr her …
Denn für mich seid ihr nicht zu entbehren und einfach
goldwert!

Doch nicht ohne?

Da hab ich die meisten Zeit über das männliche Geschlecht
gemeckert …
Dass sie oft nervtötend und überflüssig sind,
einen so hart gehen auf den Wecker!
Aber das ist ja genau das Problem!
Es geht nicht mit und auch nicht ohne …
Wenn man dann das Gesamtpaket betrachtet,
wird man merken,
dass es sich vielleicht doch lohne …
Ich schimpfe ohne Ende,
lege schon mal öfter Brände …
Oft ist Krise …
Aber tief in meinem Inneren
weiß ich, dass ich kann sein eine ganz Fiese!
Einfach bin ich nicht …
Der denkt wahrscheinlich oft,
die ist nicht ganz dicht!
Aber er bleibt, ist immer da …
Hält viel aus,
die Kinder, mich,
handwerkt nebenbei noch immer etwas am Haus …
Lässt uns nie im Stich!

Anscheinend ist er ein Mann,
der viel Last auf seinen Schultern tragen kann!
Für mich ist das alles selbstverständlich …
Er steckt oft zurück,
denkt ausschließlich an uns
und selten an sich!
Versucht, immer alles möglich zu machen,
das ist mir meistens nicht genug …
Er hat mit mir nicht oft was zu lachen!
Auch in meinen dunkelsten Zeiten
war er immer an meiner Seite!
Hat mich unterstützt,
ohne Terz,
volle Breitseite!
Für die Kinder ist er immer zur Stelle …
Die kennen es auch nicht anders,
trotz vieler Terminen
und seiner Vollzeitstelle!
Nicht nur als Papa, auch im Job,
kriegt er alles unter einen Hut …
Er ist schon top!
Er ermöglicht uns ein tolles Leben,
hat selten eigene Wünsche,
versucht, uns immer alles zu geben!

Man wächst mit seinen Aufgaben
und das ist bei uns echt eine Nummer …
Das ist nicht immer einfach,
vor allem mit den Kindern gibt es auch viele Sorgen und Kummer!
Die Zeit zusammen verging wie im Flug …
Letzten Endes und rückblickend war es wohl eine gute Entscheidung,
ich denke, sie war klug!
25 Jahre ist es dieses Jahr her …
Ach, du kacke!
Ich kann es kaum glauben …
So lange habe ich den schon an der Backe!
Dann wollen wir mal hoffen,
dass wir uns beide zusammenreißen …
Auch wenn es manchmal hart ist
und schwierig erscheint, denke ich,
wir werden dieses Leben zusammen meistern!
Dieses gleicht manchmal mehr einem Schichtarbeitsplan …
Aber den werden wir gemeinsam fahren!
Wir wissen, worum es geht,
worum sich unsere kleine Welt dreht …
Wer da im Mittelpunkt und im Fokus steht!
Also lautet die Devise:

Auch wenn die Aussichten manchmal gehen in die Miese …
Wir halten durch,
machen nicht die Fliege!
Auch wenn wir manchmal führen unsere Kriege …
Wir müssen uns zu schätzen wissen!
Gegenseitig mehr Respekt schenken,
weniger stressen …
Uns auf das Wesentliche beschränken!
Also bin ich mal nicht so …
Er darf bleiben
und mich weiter in den Wahnsinn treiben!

Mogelpackung

Was alles passieren kann …
Wenn man sich nicht gut um seine Frau kümmert,
oh oh, aufgepasst lieber Ehemann!
Es geht schneller, als man denkt …
Dass sie nach etlichen Enttäuschungen und Differenzen einen anderen Weg einlenkt …
Ob da noch was zu retten ist und ob sie nochmal mit sich reden lässt …?
Es ist so schade,
vielleicht geht eine weitere Ehe baden …
Das ist doch Mist!
Aber, wie heißt es so schön?
Dazu gehören immer zwei,
von daher macht es keinen Sinn zu verurteilen, oh nein!
Wir wissen alle, wie viel Arbeit und Mühe eine Partnerschaft macht …
Aber dass diese auch wirklich in die Brüche geht,
da wird erst zu spät drüber nachgedacht!
Das soll eine Lehre sein …
Wenn der einstige Partner nicht mehr da ist und nicht mehr ist dein …

Hat die Beziehung schon einen Knacks und sie fühlt sich wie
ein altes Wrack …
Kommt plötzlich ein Ritter in weißer Rüstung um die Ecke …
Da ist es um sie geschehen,
ihr Herz geht an die Decke!
Da gibt es eine kleine Geschichte,
an die ich mich gut erinnere,
über das Vernebeln der Sinne …
Der Ausgang dieser Story ist noch nicht geklärt …
Sie soll auch warnen,
weil man vorsichtig sein muss,
um zu verhindern, dass man nicht zu viel von sich selbst
entbehrt …
Es gab da eine Schwester,
ich möchte zwar nicht lästern …
Die hat die Lage vielleicht verkannt und sich ganz heftig die
Finger verbrannt …
Erst mal ein wenig flirten, das macht Spaß,
ist überhaupt nicht schwer, da gibt man gerne mal Gas …
Schwieriger wird es erst,
wenn man merkt, man will mehr!
Da gab es leider noch ein großes Problem …
Der Kerl war nicht frei …
Gar nicht so fein,

etwa Ehebruch begehen?
Da gibt es nichts zu tolerieren!
Alles aus und vorbei?
Je älter man wird,
umso schwieriger wird es, einen neuen Partner zu finden,
der die Ansprüche und Vorstellungen erfüllt,
sich neu zu binden …
Aber es gibt auch Grenzen,
irgendwo hört es auf …
Mit fremdgehen wird man garantiert nicht glänzen!
Ich bin nach wie vor skeptisch …
Aktuell ist es ein ständiges Hin und Her …
Wenn man doch eigentlich weiß, was man will,
was ist denn dann so schwer?
Zwischen Hoffnung und Sorgen
versucht sie es auszuhalten …
Fühlt sich trotzdem bei ihm geborgen!
Sie schwebt auf Wolke sieben,
denkt, das muss der Richtige sein …
Dass auch er sie wird lieben und reißt sich aus ein Bein …
Wenn sie sich fest genug an ihn kettet,
schafft sie es vielleicht,
dass er sie rettet!
Er kann ihr viel erzählen,

sie glaubt ihm leider alles,
am Ende wird es sie nur quälen …
Wach auf!
Sieh nicht nur das Gute in diesem Mann!
Soll er endlich mal was beweisen,
zeigen, was er kann!
Nur er weiß es genau,
bleibt er oder verlässt er irgendwann seine Frau?
Er will, dass sie ihm vertraut!
Ich bin da misstrauisch …
Mit seinem Hinhalten hat er es oft versaut!
Ich kann nur hoffen,
er wird sie nicht veräppeln …
Ich will gar nicht dran denken,
sie danach wieder aufzupeppeln …
Falls dem so wäre,
ich weiß, es ist schwer …
Sie soll nicht hören nur auf ihr Herz,
den Kopf mehr nutzen,
er wird noch hart, dieser Schmerz!
Manchmal hat man das Gefühl,
tanzt sie nicht nach seiner Pfeife,
wird er nicht um sie kämpfen,
sucht er eher noch das Weite …

Denn für alles andere fehlt ihm die Reife!
Was soll ich sagen?
Zurzeit sieht es wieder etwas besser aus,
es gibt Fortschritte...
Vielleicht findet er ja doch noch aus seiner Ehe raus …
Sie hängt in der Luft und bangt,
er soll eine Entscheidung treffen …
Das ist doch nicht zu viel verlangt!
Da hofft man zwischendurch auf ein Happy End …
Natürlich wäre es den beiden zu gönnen,
dass er nicht davonrennt …
Dass sie schließlich ihr Glück fänd'.
Aber sie darf sich nicht selber vergessen …
Denn manchmal wirkt sie wie von ihm besessen!
Muss Acht geben, was sie mit sich machen lässt,
dass er diese Liebschaft endlich macht fest!
Und falls wir uns doch in ihm täuschen …
Ist das Wichtigste, dass sie beschützt ihre Würde!
Dass sie geht mit Stolz aus dieser Sache raus …
Denn das alles ist schon eine große Bürde mit vielen Hürden!
Das Leben wäre dann nicht vorbei …
Dann sollte es nicht sein und sie wäre endlich wieder frei!

Empathie schadet nie

Noch ein Thema, welches mich beschäftigt …
Man erlebt es tagtäglich,
dass nicht jeder gibt immer sein Bestes in puncto
Menschlichkeit …
Da ist jeder verdächtig!
Robin Williams sagte einst:
„Sei immer nett zu anderen Menschen!
Du weißt nie, welche Schlachten sie gerade kämpfen …“
Der Spruch ist wahr,
je älter man wird und je mehr man erlebt hat,
da ist man sich sicher, dieser liegt nah!
Man weiß also nie, was hinter einer Fassade steckt …
Denn jeder hat sein Päckchen zu tragen,
manch einer kann es nur besser verpacken …
Vielleicht ab und zu mal nach dem Rechten fragen!
Ein wenig Empathie schadet nie!
Ich denke solch kleinen Gesten sind es wert,
hier und da etwas Aufmerksamkeit schenken, ist auf jeden Fall
nicht verkehrt!
Denn jeder hat Respekt verdient …
Bloß nicht oberflächlich oder arrogant sein!
Was bilden sich manche nur ein?

Ob arm oder reich,
dünn oder dick,
hart oder weich,
lässig oder schick,
am Ende sind wir alle gleich!
Sind wir alle etwas mehr bemüht,
denke ich, dies kann viel bewirken.
Aus dem einfachen Grund,
dass sich jeder mehr wahrgenommen fühlt!
Dann gehen weniger Menschen traurig und mürrisch durch die Weltgeschichte spazieren,
für viele ist es harte Arbeit, überhaupt zu existieren …
Bei den wenigsten läuft alles perfekt …
Jeder hat seine Problemchen,
manch einer hält sich nur mehr bedeckt!
Kann sich gut verstellen,
das Verhalten ist dennoch freundlich und korrekt.
Der eine hat vielleicht Probleme mit Geld,
andere brauchen mehr Action, fühlen sich unbedeutend,
wären ab und zu gerne der Held!
Oder einfach mal eine Schulter zum Anlehnen brauchen,
weil man durch ist, nur mal kurz abtauchen …
Sorgen um die Kinder …
Jeder kennt es, das geht an die Nerven!

Lässt sich leider auch nicht immer verhindern …
Oder die Eltern werden alt und kränklich …
Das haut richtig rein,
dann wird es dramatisch und ungemächlich!
Da fragt man sich, wie wird ein Leben mit so viel Kummer überhaupt erträglich?
Tapfer sein, im Alltag irgendwie durchhalten …
Für manche gar nicht so leicht,
vielleicht bei zu schnellem Urteilen manchmal einen Gang zurückschalten!
Hin und wieder über den Tellerrand hinausschauen …
kann nicht schaden,
offen und natürlich rüberkommen,
das schafft Vertrauen!
Ruhig mal zugeben, dass man auch nicht immer die/der Tollste ist!
Seine Fehler und Probleme offenbaren,
einfach ehrlich sein, sich eingestehen,
das wirkt unheimlich befreiend!
Jeder leistet seinen Beitrag!
Es spielt auch keine Rolle,
wie klein er sein mag!
Den eigenen Egoismus beiseite schieben,
auch mal andere lieben!

Wahrscheinlich fügt sich alles irgendwie zusammen,
bloß keinen zum Einzelkämpfer verdammen.
Wir müssen einer Ellbogengesellschaft dem Kampf ansagen,
gar nicht dran denken,
sonst kommen wir ja gar nicht mehr raus aus dem Klagen!
Begreifen, dass die Erde sich nicht nur um einen alleine dreht,
sich ab und zu reflektieren und überlegen, wo man steht!
Immer danke und bitte sagen,
das haben viele schon vergessen,
da liegt mittlerweile vieles im Argen!
Vielleicht sollten wir den Umgang miteinander noch mal neu bemessen?!
Ich sehe es als meine kleine Aufgabe,
überall, wo ich bin, hilfsbereit und freundlich zu sein,
eigentlich selbstverständlich, keine Frage,
Was vertue ich mir dabei?

Frei sein

Ich bin so froh und dankbar, dass die Zeiten sich in puncto
Toleranz und Akzeptanz geändert haben …
Im positiven Sinne, denn wenn ich anfange zu graben, erkennt
man, dass es vor 25 Jahren noch anders war …
Vielleicht lag es auch am Erwachsenwerden …
Man war angepasster, schwamm mit dem Strom, orientierte sich
an der Herde!
Ob man cool war oder nicht …
Oft entschieden das andere für dich!
Man war noch viel verunsicherter und verhaltener, Hauptsache
man war „in“, in der Clique drin …
Seltsam oder anders wollte man nicht sein, denn dann wusste
man, man geht die meisten Wege allein …
Heute ist das zum Glück anders …
Total langweilig, wenn wir alle gleich wären …
So meine ich, Vielfältigkeit ist ein Segen!
Auf dass die Welt noch ein wenig bunter wird …
Sich bitte niemand in Eintönigkeit verirrt!
Bloß immer das Bewusstsein erweitern …
seinen inneren Frieden finden …
Dann wird es am Glücklichsein nicht scheitern!

Der Spieß wurde umgedreht, man ist erwachsen, reifer, weiß, wo
man im Leben steht …
Man hat sich verwirklicht, ist selbstbewusster …
Was andere so denken, interessiert einen nicht!
Man ist gewachsen, weiß, worum es im Leben wirklich geht,
woher der Wind weht …
Der eine hat Karriere gemacht …
Der andere war vielleicht mehr auf Familie bedacht …
Oder ein neues Hobby zur Leidenschaft gemacht …
Man fühlt sich frei,
kann tun und lassen, was man möchte,
einfach mal das Leben und sich selbst feiern, da sind wir dabei!
Was man früher vielleicht nicht so rauslassen konnte,
spielt heute keine Rolle mehr …
Heute erweitert man einfach seine Horizonte!
Hier und da vielleicht noch ein paar Selbstzweifel …
Dinge, die einen an sich nerven,
davon darf man sich nicht selbst aus der Bahn werfen …
An einigen Dingen kann man arbeiten,
andere muss man einfach akzeptieren,
ein wenig beiseiteschieben, die Eitelkeiten …
Immer zu Augen führen, dass niemand perfekt ist …
Ob von innen oder von außen, es kommt darauf an,
wie man sendet da draußen!

Wie man sich fühlt, das strahlt man aus, das fällt auch anderen Menschen auf, lasst es einfach raus!
Die, die alles in sich hineinfressen, werden selten glücklich …
Versuchen oft, Erfolge zu messen …
Sie lassen ihren Unmut irgendwo anders ab oder haben sich in ihren Komplexen völlig verkappt …
Diese Leute kennt man,
machen auch gerne andere schlecht,
dabei haben Sie ein Problem mit sich selbst
und beharren dennoch immer auf ihr Recht!
Das ist so schade, die tun einem leid …
Irgendwann kippt die Fassade und darauf folgt dann eher die Blockade …
Von daher passt auf,
dass ihr mit euch im Reinen seid!
Jeder verdient ein zufriedenes Leben, kämpft dafür, da hilft kein Selbstmitleid!
Eine gesunde Mischung aus nehmen und geben …
Einfach immer nach dem Besten streben!
Ich wette, jeder findet etwas Schönes an sich …
Natürlich nicht übertreiben …
Selbstverliebtheit ist da nicht sehr dienlich!
Sich selbst akzeptieren, auch mit Makel …

Das ist elementar für den Selbstwert und noch lange kein
Debakel!
Denn bitte niemals vergessen …
Aufhören, sich mit anderen zu messen!
Jeder ist auf seine Art und Weise einzigartig und wundervoll …
Genießt das Leben in vollen Zügen,
dann ist es auch toll!
Für Zweifel und Bedenken haben wir keine Zeit,
verbringt euer Dasein in Heiterkeit!
Liebt euch einfach so, wie ihr seid!
Dass ihr euch immer zu schätzen wisst,
weil nur das von Bedeutung ist!